Meine Insel

Eine Sylt-Tour mit Jürgen Gosch

JÜRGEN GOSCH PRÄSENTIERT

MEINE INSEL

Eine Sylt-Tour mit Jürgen Gosch

WACHHOLTZ
MURMANN PUBLISHERS

Printed in Germany
ISBN 978-3-529-07743-2

Besuchen Sie uns im Internet:
www.wachholtz-verlag.de

Konzeption | Text | Gestaltung
WortBildTon Werbeagentur GmbH
www.wortbildton.de

Bildnachweise:
alpha-f: S. 42
Bevis: S. 6, 12, 20/21
fotolia: Titel, S. 2, 30, 66, 75, 83, 91
GOSCH-Archiv: S. 35, 48, 93
istock: S. 29, 31, 47
Matzen: S. 61
panthermedia: S. 17, 72/73
Rathmann: S. 25, 27, 33, 51, 53, 57, 59, 77, 79, 81, 85, 95
Rupprecht: S. 14, 39, 41 u. , 44, 75
Söl'ring Foriining e. V.: S. 70/71
Sylt Tourismus Service GmbH: S. 9, 63
syltpicture: S. 89
WBT: S. 15, 18/19, 22, 34/35, 37, 40/41, 63, 64/65, 68/69, 73 u., 75, 93
Weiss: S. 43, 87

INHALTSVERZEICHNIS

GOSCH
SYLT

Moin, Moin!

Ich sag's geradeheraus: Ich bin nah am Wasser gebaut! Zum einen, weil ich Zeit meines Lebens mit dem Blick auf die offene See aufgestanden und ins Bett gegangen bin. Und zum anderen, weil ich heulen müsste, wenn dem mal nicht so wäre. Seit rund 50 Jahren lebe ich nun schon auf der Insel Sylt, und kein Tag vergeht, an dem ich nicht in einem stillen Moment denke: Jünne, du bist im Paradies!

In diesem Band möchte ich Ihnen »meine« Insel Sylt von ein paar besonders schönen Seiten vorstellen. Denn zwischen List und Hörnum hat die große Nordseeinsel so einiges zu bieten, was dem Saisonurlauber und Badegast womöglich leicht entgeht. Sie werden erstaunt sein, wie viele ruhige Rückzugsorte auf Sylt bei allem Besucherandrang noch zu entdecken sind. Und sollten Sie zwischendurch Lust nach geselliger Atmosphäre verspüren: Meine Lieblingsrestaurants stelle ich Ihnen hier ebenfalls vor.

Das Ganze garniere ich mit leckeren Rezepten aus der GOSCH-Küche, die meine langjährigen Weggefährten für Sie zusammengestellt haben.

Viel Freude beim Lesen und Nachkochen wünscht Ihnen Ihr

Jürgen »Jünne« Gosch

I

VOM HERINGSHAFEN ZUM URLAUBSPARADIES

Eine kurze Sylt-Chronik als Appetitanreger

Der Blick von oben schmeichelt nicht immer dem Gegenstand der Betrachtung, wie das Beispiel von Deutschlands größter Nordseeinsel zeigt: Man könnte meinen, dass Sylt in grauer Vorzeit von Urgewalten in die Mangel genommen wurde, derart schmal und lang ist die Silhouette. Fest steht, dass einst eine gewaltige Sturmflut den Streifen vom Festland abgetrennt hat. Vor rund 10 000 Jahren geschah das, und seitdem hat sich an diesem Zustand nicht sonderlich viel geändert – sieht man einmal von den Meeresfluten ab, die stetig an dem Eiland nagen. »Work in progress« nennt man das wohl: Sylt ist eben auch geologisch bis zum heutigen Tag in Bewegung.

Von den Angelsachsen …

1066, die Schlacht bei Hastings – selbst mittelmäßigen Schülern dürfte dieses geschichtliche Ereignis noch aus dem Unterricht im Gedächtnis sein. Damals erobern die französischen Normannen England und machen den An-

gelsachsen den Garaus. Von wo aber sind die Besiegten Jahrhunderte zuvor aufgebrochen, um ihrerseits »*Land zu gewinnen*«? Quellen zufolge war das die Insel Sylt, und zumindest für die Angeln dürfte das auch zutreffend sein. Mit anderen Worten: Auch Westerland und Co. haben das Zeug zum »*Tor zur Welt*«, wie sich eigentlich die Hansestadt Hamburg nennt.

In der Folgezeit bestimmen aber kaum noch Eroberungszüge den Alltag der Insulaner, sondern vor allem der Kampf um das tägliche Überleben. Spätestens zu Beginn des 15. Jahrhunderts wird der Heringsfang zum Wirtschaftsfaktor Nummer eins. Die Nordsee ist ein segensreicher Schöpfbrunnen für die Siedler, und so wundert es nicht, dass der Schwarmfisch zum Wappentier der Insel wird. Nach und nach entstehen auch die ersten Ortschaften. Aus einer dieser Kolonien geht schließlich Westerland, heutiger Hauptort der Insel, hervor.

... bis zu Gunter Sachs

Knapp 3000 Einwohner zählt Sylt laut einer Volkszählung um 1769, und weil so etwas wie Tourismus zu dieser Zeit noch Zukunftsmusik ist, bleiben die Menschen zunächst unter sich. Die Einführung einer regelmäßigen Postbelieferung wenige Jahrzehnte später schlägt jedoch eine erste feste Brücke zum Festland, die Abgeschiedenheit des Eilands nähert sich langsam ihrem Ende. Und als Westerland 1855 den Status eines Seebads erhält, wird Sylt erstmals zu einer »*feinen Adresse*«.

Im 20. Jahrhundert erfolgt dann die »*Eingemeindung*« der Insel im Eilschritt. Nachdem sich die Bewohner 1920 per Volksabstimmung gegen Dänemark und somit für einen Verbleib in Deutschland aussprechen, zementiert der Bau des Hindenburgdamms sieben Jahre später diese Zugehörigkeit auf beeindruckende Weise. Die Besucherzahlen steigen fortan stetig, und spätestens in der Blüte der Wirtschaftswunderjahre springt der touristische Funke auch auf die Insel über.

Als dann auch noch die »*High Society*« in den sechziger und siebziger Jahren Sylt für sich entdeckt und Stars und Sternchen wie Brigitte Bardot und Gunter Sachs vor Anker gehen, ist aus der einstigen Fischerinsel das »*Saint-Tropez des Nordens*« geworden. Glücklicherweise hat Sylt den Ruf, ausschließlich eine Insel der Reichen und Schönen zu sein, wieder ablegen können. Insbesondere Urlauber werden feststellen können, dass selbst im Hochsommer die Naturlandschaften zwischen Hörnum, Westerland und List jede Menge Rückzugsräume abseits des Trubels bieten.

Lernen Sie auf den folgenden Seiten die größte Nordseeinsel Deutschlands von ihrer idyllischen und eher stillen Seite kennen. Sie werden sehen: Trotz ihrer Attraktivität als quirlige Urlaubsinsel kann man hier auch noch im 21. Jahrhundert die Seele baumeln lassen. ⚓

II

»MEINE LIEBLINGSPLÄTZE AUF SYLT!«

List

»Meine Liebe zu List erklärt sich wohl von selbst, immerhin hat hier mit der ›Nördlichsten Fischbude‹ alles angefangen. Natürlich hat sich der kleine Ort an der Nordspitze von Sylt in den vergangenen 40 Jahren stark verändert, aber ich sag immer: Mit uns Menschen ist es ja ähnlich, aber im Kern bleiben wir dieselben.«

List blickt auf eine über 700-jährige Geschichte zurück, und in dieser langen Zeit war es vor allem das unzähmbare Meer, das der früheren Fischersiedlung immer wieder eins ausgewischt hat. So trug im Herbst 1985 eine schwere Sturmflut die Dünen bei der Kurstrandhalle in solch einem Umfang ab, dass der Betrieb eingestellt werden musste.

Von derlei Widrigkeiten haben sich die Bewohner aber niemals unterkriegen lassen, frei nach dem Motto: Wenn's dem Meer nicht gefällt, bauen wir eben etwas Schöneres hin.

Dreh- und »*Angel*«punkt ist zweifellos der Lister Hafen. Kaum vorstellbar, dass er einmal ein bedeutender Handelsplatz gewesen ist auf der Schiffsroute Ripen – England. Heute präsentiert er sich beschaulich mit seinen skandinavisch anmutenden Holzhäusern, die 2004 im Rahmen einer großen Hafenumgestaltung errichtet wurden.

ALTE
TONNENHALLE

List

Das Rote Kliff

»Allein schon der Ausblick vom Roten Kliff aufs offene Meer lohnt einen Abstecher hierher – und dann erst das Panorama, wenn man die Erhebung vom Wasser aus betrachtet. Das ist wirklich grandios! Deshalb erfüllt es mich auch ein wenig mit Stolz, dass mein wunderschönes ›GOSCH am Kliff‹ mit seiner naturnahen Architektur hier seinen Platz gefunden hat.«

Vor allem im Nachmittagslicht und gegen Abend, wenn die rote Sonne im Meer versinkt, macht die etwa vier Kilometer lange und über 30 Meter hohe Steilküste ihrem farbigen Namen alle Ehre. So eindrucksvoll und weithin erkennbar entflammt die deutsche, dänische oder niederländische Nordseeküste kein zweites Mal! Für Seefahrer war das Rote Kliff daher über viele Jahrhunderte hinweg ein untrügliches Erkennungszeichen dafür, dass sie nun Kurs auf Sylt nahmen.

Seine charakteristische Farbe verdankt Sylts Wahrzeichen den eisenhaltigen Bestandteilen im Geschiebelehm, die oxidieren und sich dabei rostrot färben. Das Fundament der imposanten Felsen wurde schon vor etwa 120 000 Jahren in der Saale-Eiszeit gelegt, als sich in der Region der heutigen Insel Gletscher ablagerten. Nach der Eiszeit stieg der Meeresspiegel kräftig an und die Fluten brachen ganze Landmassen aus dem riesigen Gesteinshaufen heraus. Jahrtausendelang formte das ewige Wechselspiel von Wind, Wetter und Brandung die Abbruchkante immer wieder neu und drängte sie dabei ins Landesinnere zurück.

Eine Wanderung rund ums Rote Kliff gehört zu den beliebtesten Tagestouren auf Sylt. Wer dabei (am besten natürlich barfuß) am Strand entlangspaziert, genießt neben dem eindrucksvollen Blick zum Kliff empor auch einen traumhaft weißen und weichen Sand. Ebenso beeindruckend aber ist der Blick vom Kliff herab auf das Meer. Und drum herum gibt es hier eine ausgedehnte Heidelandschaft und weitere Sehenswürdigkeiten wie die Uwe Düne, das Haus »*Kliffende*« und den Leuchtturm »*Rotes Kliff*« zu entdecken.

Braderuper Heide

»Es gibt keinen anderen Landstrich auf der Insel, wo ich so gut abschalten kann wie in der Braderuper Heide. Vielleicht liegt es ja an diesem Wechsel von Grün und Lila, der

so beruhigend wirkt. Ich hoffe sehr, dass uns diese Idylle auch weiterhin erhalten bleibt, denn sie ist ziemlich einzigartig in Deutschland.«

Wo gibt es das schon, dass ein Landstrich sechs von zwölf Monaten in Blüte steht? In der Braderuper Heide ist genau das der Fall! Zu verdanken ist dies den Heidepflanzen Krähenbeere, Glockenheide und Besenheide, die je nach Art zwischen April und Ende August ihre Hochzeit erleben und dem Naturschutzgebiet zwischen Kampen und Braderup sein charakteristisches Aussehen verleihen. Nimmt man dann noch den Ausblick auf das Wattenmeer hinzu, kann man der Hymne von Jürgen Gosch nur beipflichten.

Tatsächlich handelt es sich bei der Braderuper Heide um eine nahezu einmalige Naturlandschaft in Norddeutschland. Sage und schreibe 50 Prozent aller schleswig-holstei-

nischen Heideregionen befinden sich auf der Nordseeinsel: ein sensibles Ökosystem, in dem rund 2500 Tier- und 150 Pflanzenarten beheimatet sind. Entstanden ist es durch jahrhundertelange Waldrodung, die zu Bodenerosionen

geführt hat und so die Geestheiden entstehen ließ. Diese bedürfen regelmäßiger Pflege, denn ohne entsprechende Eingriffe durch den Menschen überaltern und verholzen sie.

Die Friesenhäuser

»Entdeckt man die Insel zu Fuß oder mit dem Rad, wird einem bewusst, wie viele Gesichter Sylt seinen Bewohnern und Gästen zeigen kann. Eine Sehenswürdigkeit aber taucht immer wieder auf: die Friesenhäuser. Mit ihren reetgedeckten Dächern sind die alten Gebäude eine Augenweide, die die Landschaft ringsherum noch etwas schöner machen.«

Friesenhäuser gibt es zahlreiche in Schleswig-Holstein, doch anders als auf dem Festland besitzen auf Sylt viele noch den sogenannten Zwerchgiebel über der Haustür, der fast bis zum First reicht. Ebenso charakteristisch ist, dass die schmalen Gebäudeseiten in der Regel in Ost-West-Ausrichtung stehen, wodurch den starken Westwinden weniger Angriffsfläche geboten wird. Als die Häuser noch landwirtschaftlich genutzt wurden, waren hier die Ställe untergebracht, während sich im Ostteil die Wohnräume befanden.

Mit dem ansteigenden Tourismus im 20. Jahrhundert hat sich das Erscheinungsbild der Gebäude nach und nach verändert. Da mit Gästezimmern mehr Geld zu verdienen ist als mit Vieh- und Landwirtschaft, wurden bei den meisten Friesenhäusern Umbauten vorgenommen, die auch die Fassaden betreffen. Einige wenige dieser Geesthardenhäuser, wie sie genannt werden, sind aber noch im ursprünglichen Zustand zu besichtigen – so etwa das »*Altfriesische Haus*« in Keitum, das 1737 erbaut wurde.

FLAMMKUCHEN

Zutaten

300 g Weizenmehl (Typ 505)	300 ml Crème fraîche
5 g frische Hefe, 1 Pr. Zucker	1 EL Dill, frisch gehackt
150 g Räucherlachs, in Streifen	1 TL Wermut oder
1 Stange Lauch, in feinen Streifen	Limettensaft
100 g Tiefseeshrimps	etwas Öl

Arbeitszeit: ca. 40 Minuten · Schwierigkeitsgrad: einfach

Zubereitung

Mehl in eine Schüssel geben, in der Mitte eine Mulde bilden. Die Hefe in etwas lauwarmem Wasser verrühren und in die Mulde geben. Das Mehl mit Salz und Zucker zu einer Teigkugel kneten. Den Teig in ein Gefäß geben, mit einem Tuch abdecken und an einem warmen Ort ca. 20 Minuten gehen lassen. Den Teig halbieren und jede Hälfte auf einer mit Mehl bestäubten Fläche hauchdünn ausrollen. Den Teigrand um 0,5 cm einschlagen. Zwei Backbleche mit Öl einpinseln und die Fladen mit dem eingeschlagenen Rand nach unten darauf auslegen. Den Teig mehrfach mit einer Gabel einstechen. Die Crème fraîche (je 150 ml) zur Hälfte auf dem Teig verstreichen, mit Lauch und Dill bestreuen und dann Lachs und Shrimps darauf verteilen. Mit frischem Pfeffer würzen und wahlweise mit Wermut oder Limettensaft beträufeln.
Den Flammkuchen bei 250 Grad ca. 10–15 Minuten backen.

PANNFISCH
À LA FISCH-BISTRO ANNA GOSCH

Zutaten

800 g Dorschfilet, in	200 ml Weißwein
8 Stücke geschnitten	200 ml Sahne
400 g Tiefseegarnelen,	1 Lorbeerblatt, 1 Bd. Basilikum
ohne Schale (abgetropft)	5 cl Wermut
1 Stange Lauch, gewürfelt	2 EL grober Senf
100 g Butter, etwas Mehl	2 EL mittelscharfer, feiner Senf
400 ml Fischfond	4 EL Walnussöl

Arbeitszeit: ca. 75 Minuten · Schwierigkeitsgrad: mittel

Zubereitung

Die Fischfilets salzen, pfeffern und in Mehl wenden. In heißem Walnussöl von beiden Seiten kurz anbraten, dann beiseite nehmen. Weißweinsoße kochen: Fischfond, Weißwein und Sahne zusammenrühren und auf 2/3 der Menge einköcheln. 1 cl Wermut hinzugeben, Lorbeerblatt und gehackten Basilikum beimengen, alles verrühren und durchsieben.

Die Garnelen und die Lauchwürfel in der Butter glasig anbraten, die Weißweinsoße zufügen und einmal kräftig aufkochen. Den Senf und 4 cl Wermut zugeben, alles gut durchrühren und noch einmal kräftig aufkochen. Nach Bedarf mit Salz und Pfeffer nachwürzen. Anschließend die Hitze reduzieren, die Fischfilets zugeben und ca. 5 Minuten ziehen lassen.

III

GEFANGEN ZWISCHEN MEER UND LAND

Der europäische Queller

Die Pflanze kennt viele Namen: Man nennt sie Meeresspargel, Salzkraut, Meerfenchel, Friesenkraut, Meeresbohne, Salicornia oder auch Glasschmelz. Am bekanntesten aber ist die Bezeichnung »Queller«.

Bekommt gern nasse Füße

Die Landpflanze ist hart im Nehmen – immerhin steht sie zwischen den Tiden regelmäßig im, wenn nicht gar unter Meerwasser. Und weil dieses bekanntlich einen hohen Salzgehalt hat, droht dem Queller irgendwann auch die innere Austrocknung. Bis dahin jedoch nutzt er das viele Wasser als Verdünner.

Vom äußeren Erscheinungsbild her erinnert die 5 bis 40 Zentimeter hohe Salzwiesenpflanze mit ihrem dickfleischigen knotigen Stängel und den schuppigen kleinen Blättern eher an einen Kaktus. Die Farbe kann von Grün über Grüngelb bis hin zu einem rötlichen Ton variieren.

Ein kurzes Vergnügen

Der Queller ist etwa von April bis Oktober knapp unterhalb der Hochwasserlinie an den Wattenmeerküsten zu finden. Den Namen verdankt er übrigens der Tatsache, dass er im Laufe seines kurzen Lebens immer weiter aufquillt. Das hat mit dem zunehmenden Salzgehalt zu tun, der in den Herbstmonaten langsam, aber sicher auch das Absterben der Pflanze bewirkt. Zuvor verfärbt sie sich noch rötlich. Doch das ist kein Grund zur Traurigkeit, denn jetzt werden die bis zu 10 000 Samen des Quellers freigesetzt, die im Boden eine Keimfähigkeit von bis zu 50 Jahren behalten. Schon im Frühjahr entwickeln sie sich zu neuen Keimlingen.

Als Nahrungsmittel beeindruckt die Pflanze mit einem hohen Vitamingehalt; außerdem wird ihr eine reinigende Wirkung nachgesagt. Die Zubereitung erfolgt durch klassisches Dampfgaren, und zwar ohne Salz. Serviert wird der Queller bevorzugt mit Fisch und Muscheln, aber auch in Risotto und Rührei sorgt er für das gewisse Extra. ⚓

THUNFISCH AUF QUELLER

Zutaten

- 4 Thunfischsteaks (je 250 g)
- 1 TL gestoßener Pfeffer
- 4 EL Walnussöl
- Abrieb von ½ Zitrone
- 200 g Butter
- 1 gr. Möhre, in dünne Streifen geschnitten
- 2 EL Balsamicocreme
- 500 g Queller, geputzt und gewaschen

Arbeitszeit: ca. 30 Minuten · Schwierigkeitsgrad: mittel*

Zubereitung

Die Thunfischsteaks mit Walnussöl, gestoßenem Pfeffer und geriebener Zitrone marinieren. Das Ganze ca. 1 Stunde einwirken lassen. Dann die Butter in einer Pfanne schmelzen, bis sie leicht bräunt, die Möhrenstreifen und den Queller hinzugeben. Alles zusammen ca. 5 Minuten in der Pfanne schwenken.

Einen Teller mit Balsamicocreme bestreichen und die Möhren mit dem Queller aus der Pfanne hinzugeben.

Parallel die marinierten Thunfischsteaks in einer heißen Pfanne von beiden Seiten ca. 3–4 Minuten scharf anbraten. Von der Hitze nehmen und 2–3 Minuten ruhen lassen. Auf das Gemüse legen und zusammen servieren.

* ohne Marinieren

IV

DIE SCHÖNSTEN »ANKERPLÄTZE« VON GOSCH

GOSCH ist gleich GOSCH? Das trifft zwar auf die Qualität der Speisen und Getränke zu, aber bestimmt nicht auf das »Gesicht« der einzelnen Filialen. Schließlich ist für Jürgen »Jünne« Gosch der persönliche Charme ein ganz wichtiges Markenzeichen – das war es schon zu Beginn seiner Zeit auf Sylt und ist es auch noch heute. Im Folgenden stellen wir Ihnen seine schönsten Standorte auf der Insel vor.

Die »*Nördlichste Fischbude Deutschlands*«

Jede große Geschichte fängt einmal klein an – zuweilen sogar auf gerade einmal vier Quadratmetern. So wenig Fläche bot der ausrangierte Anhänger, den Jünne 1972 zu seinem ersten Verkaufsstand umbaute, nachdem er sechs Jahre lang »*ambulant*« als Aalverkäufer seine Brötchen verdient hatte.

»Nach sechs Jahren als wandelnder Aalverkäufer zwischen Lister Hafen und Strand wollte ich endlich ein Dach über dem Kopf – nicht zuletzt wegen des Schietwetters, von dem auch Sylt ein Liedchen pfeifen kann. Das Wasser- und Schiff-

Bitte füttern: Fisch macht schlau.

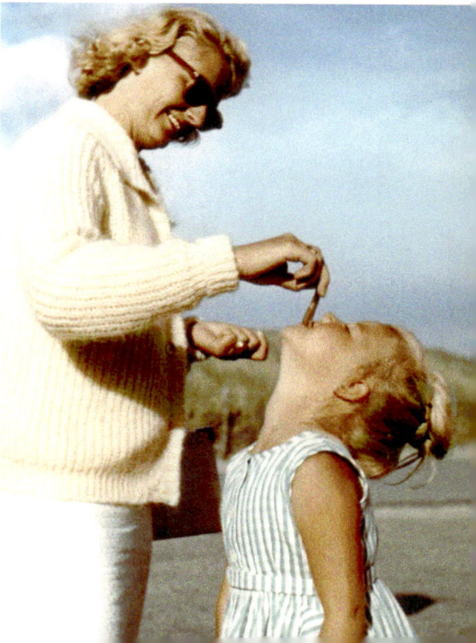

fahrtsamt erteilte mir eine Genehmigung und so wurde ich stolzer Besitzer einer kleinen Bude aus Holz und Blech«, erinnert sich Jünne.

»*Aale, Aale!*« – so lockte in großen Lettern ein handgemaltes Schild. Doch es dauerte nicht lange, bis die Kunden auch nach anderen Räucherfischen fragten. Oder nach Fischbrötchen. Und weil er nicht nur besonders flexibel ist, sondern auch einen locker-sympathischen Draht zu seinen Kunden pflegt, wurde aus dem Aal-Jürgen schnell der »*Jünne*« – und aus dem Verkaufsstand die beliebte »*Nördlichste Fischbude Deutschlands*«.

Heute sprechen manche auch gern vom »*Mutterschiff am Lister Hafen*« – ein Kosename, der die besondere Bedeutung der Fischbude unterstreicht. Selbstverständlich fällt heute alles eine Spur größer und komfortabler aus und der Personalstand hat sich ebenfalls vervielfacht – der alte Charme aber ist geblieben!

»Restaurant Hafendeck«

»*Wenn man die richtige Grundlage hat, dann kann man auch gut drauf aufbauen – so jedenfalls funktionierte das beim ›Restaurant Hafendeck‹. Als die Gemeinde 2003 beschloss, den Lister Hafen vollständig umzugestalten, da war es auch um meine geliebte ›Nördlichste Fischbude‹ geschehen. Doch nach vorn schauen war schon immer meine Stärke. Also wurde die Bude abgerissen und an versetzter Stelle neu aufgebaut – logischerweise in neuem Gewand. Und obendrauf entstand dann das ›Hafendeck‹.«*

Die feinste Fischküche am Lister Hafen gibt es schon seit Jahren direkt über der »*Nördlichsten Fischbude Deutschlands*«: Treppe rauf – und maritime Spezialitäten aus aller Welt im »*Restaurant Hafendeck*« entdecken.

Knapp 300 Gäste können hier speisen – sei es in der eleganten Lounge im Innenbereich oder unter freiem Himmel, wohin es in den warmen Monaten die meisten lockt. Schließlich hat das Panoramadeck des Restaurants auch einen herrlichen Ausblick über den Hafen und das Wattenmeer auf der Karte.

An die Rohwaren stellt das »*Hafendeck*«-Team um Koch Max Marte stets besonders hohe Ansprüche. Oberstes Ziel ist hier nämlich, die Gäste mit hochwertiger kreativer Küche und besonders viel Leidenschaft zu bewirten und zu verwöhnen! Fisch und Meeresfrüchte kommen ja zum Glück sowieso direkt von GOSCH. Da steht dem perfekten Zusammenspiel von Zutaten der regionalen und internationalen Küche nichts mehr im Wege. Wer davon gar nicht genug bekommen kann: Das »*Hafendeck*« steht nach Absprache offen für eigene festliche Anlässe aller Art. Viel Spaß auf dieser kulinarischen Entdeckungstour!

»*GOSCH am Kliff*«

Nachdem das alte »*GOSCH am Kliff*« in Wenningstedt den Bauplänen der Gemeinde weichen musste, baute Jürgen Gosch einfach ein paar hundert Meter weit entfernt neu. Das neue Restaurant sollte aussehen wie eine Düne. Für den leidenschaftlichen Küstenschützer war diese Form einfach die naheliegendste. Der teilweise unterirdische Bau

GOSCH
HILFIGER

mit seinem geschwungenen grasbewachsenen Dach passt sich optisch perfekt in die Küstenlandschaft ein. Die tiefgründende massive Bauweise verleiht dem abbruchgefährdeten Kliff zusätzliche Stabilität.

Jünne erzählt: »*Das war schon ein gehöriges Stück Arbeit, denn bei dieser außergewöhnlichen Konstruktion musste einiges bedacht werden. Und natürlich gab's auch Probleme. Und eines war richtig groß. Denn als bereits die Kellerwände gezogen waren, stellte ein gelernter Maurer fest, dass die Grube 80 Zentimeter zu tief ausgehoben worden war. Das Vermessungsbüro hatte sich vermessen! Die Konsequenz war, dass das untere Stockwerk um genau diese Länge höher gebaut werden musste. Ach ja, der Maurer war übrigens ich selbst.*«

Auf den Innenplätzen sorgt die 175 Quadratmeter große Glasfront für eine helle freundliche Atmosphäre und einen

Seit Jahrzehnten für Jünne im »*Außendienst*«: Rainer

beeindruckenden Blick aufs Meer; auf den Außenplätzen genießt man zusätzlich noch die Dünenlandschaft und fantastische Sonnenuntergänge. Für das leibliche Wohl sorgen GOSCH-Klassiker wie die legendären Thai-Nudeln mit Scampi, Sylter Pannfisch oder der Lachsspieß. Aber auch maritim belegte Flammkuchen und die exklusive Weinkarte stehen bei den Gästen inzwischen hoch im Kurs.

»*GOSCH am Strand*«

»Wer in Westerland auf Sylt ankommt, sollte sich in jedem Fall Zeit nehmen für eine geschmackvolle Auszeit im ›GOSCH am Strand‹. Hier finden Sie alles, was man zur Einstimmung auf die Insel braucht: Geselligkeit, leckeres Essen und einen köstlichen Schoppen mit Sicht auf den weiten Horizont.«

Rund sechs Kilometer ist die Westerländer Promenade lang und der Blick auf die Nordsee ist ebenso atemberaubend wie der Sonnenuntergang über dem Meer. Fehlt also nur noch das i-Tüpfelchen: ein Ankerplatz zum Ausspannen! Genau den bietet das »*GOSCH am Strand*«.

Der kulinarische »*Hafen*« im Herzen der Insel Sylt besitzt 48 Außen- und 35 Innenplätze, um die Impressionen der größten Nordseeinsel Revue passieren zu lassen. Darüber

hinaus ist Geschäftsführer Florian Gosch, seines Zeichens gelernter Barkeeper, ein erstklassiger Ratgeber für alle flüssigen Begleiter zu den Fischspezialitäten, die das Restaurant serviert. Das schließt selbstverständlich Cocktails zu fortgeschrittener Stunde ein … ⚓

V

FISCH MUSS SCHWIMMEN

Auf einen Schoppen mit Florian Gosch in Westerland

Das Timing könnte nicht besser sein: In dem Moment, als der Kellner die gebratene Scholle und den Sauvignon blanc serviert, lugt die Abendsonne durch die letzte Wolke am Himmel und macht die Stimmung perfekt. Das warme Licht verleiht dem Weißwein im Glas eine goldgelbe Färbung, die wunderbar mit der knusprig-braunen Haut des Fisches harmoniert.

Ein Kenner seines Faches

Wir sitzen im »*GOSCH am Strand*« – oder besser gesagt: davor, denn einen Sommerabend wie diesen sollte man unbedingt vor dem kleinen Bar-Restaurant an der Westerländer Promenade genießen. Die Plätze sind bereits gut gefüllt, in einer halben Stunde wird es richtig eng. Florian Gosch freut es, immerhin ist er Geschäftsführer dieses Standorts in zentraler Syltlage. Und weil er darüber hinaus ein Näschen für die richtigen Begleiter zu den maritimen Spezialitäten hat, kann man sich auf seine Empfehlungen verlassen.

Der Schwiegersohn von Jünne Gosch hat sich in seinen jungen Jahren in verschiedenen Bereichen ausprobiert, ehe er mit der Ausbildung zum Barmixer seine Berufung fand. Das erste Rüstzeug erwarb er schon während des Studiums im »*Chilli Club*« in der Hamburger Speicherstadt, der Weg zum Profi schloss sich daran an. Und was verschlug ihn auf die Insel? »*Die Liebe natürlich. In Hamburg lernte ich auch Anja (*Gosch, d. Red.*) kennen – wie man sich denken kann: bei einem Cocktail.*«

Da wundert es nicht, dass er trotz seiner breit gefächerten Aufgaben – die reichen von der Personaldisposition bis zum Einkauf – gern auch hinterm Tresen steht und die Gäste mit ausgesuchten Köstlichkeiten aus der Flasche verwöhnt, allem voran mit edlem Rebensaft, der traditionell zu einer Fischspezialität gehört. Persönlich schätzt Florian besonders einen gut gemachten Riesling, doch das Angebot an feinen Tropfen ist so groß, dass er stets offen bleibt für Alternativen. »*Der Trend geht eindeutig zu deutschen Weinen, und es ist wirklich beachtlich, was unsere Anbauregionen zu bieten haben. Der absolute Renner bei uns ist der Grauburgunder, da kommt keine andere Traube ran.*«

Jeder Cocktail hat seine Geschichte

Wer die Wahl hat, hat´s gut! Insgesamt rund 70 Spirituosen führt »*GOSCH am Strand*« auf seiner Bar-Karte, allein 25 davon hören auf den Namen »*Gin*«. Der über lange Zeit eher vernachlässigte Wacholderschnaps hat in den letzten Jahren eine unglaubliche Renaissance erlebt. Viele, vornehmlich kleine Destillerien sind dabei in den Fokus der Kenner gerückt. So ist Gin selbstverständlich auch das Herz sehr vieler Drinks. »*Es gibt Gin von der Stange – und es gibt guten Gin*«, sagt Florian Gosch und fügt hinzu: »*Und jeder Cocktail sollte eine Geschichte haben.*«

Wie etwa der »*Ramos Gin Fizz*«. Dieser Cocktailname ist auf den Bartender Henry C. Ramos zurückzuführen, der ihn anno 1888 in seiner Bar in New Orleans kreierte. Die Legende besagt, dass er eigens auf die Zubereitung dieses Drinks spezialisierte Mitarbeiter beschäftigte, um die verschiedenen Zutaten sachgerecht zu shaken. Und zwar ganze zwölf Minuten lang, weshalb der Shaker weitergereicht werden musste. Lohn der Mühe: eine sahnige Haube mit Zitronenaroma, die dem Ganzen die geschmackstragende Krone aufsetzt.

Geschichten wie diese kennt Florian Gosch vermutlich viele. Da lohnt es doch, sich an einem entspannten Wochenende an seinen Tresen zu setzen und die Ohren aufzusperren.

Mit schaumiger Krone: der »*Ramos Gin Fizz*«

DER MANN FÜRS ZARTE

Max Marte …

… machte sein Hobby zum Beruf. Er begann seine Karriere als Koch im Allgäu und durchlief nach seiner Ausbildung einige Top-Adressen in Baden-Württemberg, beispielsweise das Gourmetrestaurant »Köhlerstube« in dem Hotel »Traube Tonbach« unter Harald Wohlfahrt und Silvio Nickol sowie das »Casala« am Bodensee. Er arbeitete als Souschef in Österreich, etwa im »Hotel Arosa« oder im »Schlosshotel Velden«.

Auf Sylt baute Max Marte sein Können unter Sebastian Zier im Gourmetrestaurant »La Mer« aus. Dort lernte er die holsteinische Frischeküche, aber auch die asiatische Kochkultur kennen.

Seit März 2014 ist Max nun ambitionierter Küchenchef und Geschäftsführer im Restaurant »Hafendeck«. In der Freizeit schwingt er gern den Tennisschläger im Match gegen seinen Kompagnon Daniel Krämer.

SEEZUNGE
MIT ZITRONE UND FEINEM SALAT

Zutaten

4 Seezungen (je 400–500 g)	2 Limetten
24 kl. Kartoffeln	300 ml mildes Olivenöl
4 Zitronen	1 Pr. Zucker
150 ml Speiseöl	**Beilagen-Salat:**
240 g Butter	100 g Feldsalat
1 Bd. Blattpetersilie	100 g Lollo Rosso
etwas Mehl	100 g Lollo Bianco
Dressing:	100 g Römersalat
2 Zitronen	100 g Baby-Leaf-Salat

Arbeitszeit: ca. 40 Minuten · Schwierigkeitsgrad: mittel

Zubereitung

Kartoffeln waschen und schälen. Petersilie ebenfalls waschen, trocken schleudern und klein hacken. Kartoffeln in gesalzenem Wasser garen, bis sie weich sind. In einem Topf 80 g Butter schmelzen, gehackte Petersilie beigeben. Nun die Kartoffeln darin glasieren und nach Geschmack würzen. Die Seezungen waschen und trocken tupfen. Von beiden Seiten mit Zitronensaft beträufeln, mit Salz und Pfeffer würzen und anschließend in Mehl wenden. Das Speiseöl und die restliche Butter in eine große Pfanne geben; nicht zu heiß werden lassen! Die Seezungen bei mittlerer Hitze von jeder Seite goldbraun braten.

Dressing: *Limetten und Zitronen entsaften. Den Zitrussaft mit dem Olivenöl vermischen und nach Geschmack mit Salz und Zucker abschmecken.*

Salat: *Den Salat zupfen und in kaltem Wasser waschen. Die Salatblätter trocken schleudern, mit dem Dressing marinieren und in einer Schale anrichten.*

RINDERFILET TRIFFT HUMMER

Zutaten

2 Kanadische Hummer (je 300–400 g)
800 g Rinderfilet
etwas Pflanzenfett
100 g Butter
1 Thymianzweig
1 Rosmarinzweig
2 Knoblauchzehen

Kokosrisotto:

1 Schalotte, fein gehackt
1 Knoblauchzehe, fein gehackt
200 g Carnaroli-Risottoreis
150 ml Geflügelfond
20 g geriebener Parmesan
80 g Butter
etwas Fleur de Sel
Pfeffer aus der Mühle
300 ml Kokosmilch
100 ml Weißwein

Purple-Curry-Creme:

400 g Sellerie, gewürfelt
100 g Butter
100 ml Milch
100 ml Sahne
Muskatnuss, gerieben
100 g Sahne, geschlagen
10 g Purple-Curry-Gewürz (z. B. von Ingo Holland)

Arbeitszeit: ca. 2,5 Stunden · Schwierigkeitsgrad: schwer

Zubereitung

Das Rinderfilet in 4 Stücke zu je 200 g portionieren und in einer heißen Pfanne von beiden Seiten in Pflanzenfett scharf anbraten, im Ofen bei ca. 60 Grad warm halten. Einen Topf mit Wasser zum Kochen bringen, gut salzen. Anschließend den Hummer kopfüber ins Wasser geben, beiseitestellen, den

Hummer für 3 Minuten ziehen lassen. Dann in Eiswasser abkühlen. Die Scheren müssen 2 Minuten nachgekocht werden. Dazu den Kopf vom Hummer abdrehen, die Scheren ausbre-

chen. Den Hummerschwanz mit Schale längs halbieren und unter fließendem kaltem Wasser abspülen.

Kokosrisotto: *Gehackte Schalotten und Knoblauch in einem heißen Topf mit 40 g Butter glasig dünsten. Reis hinzufügen, leicht salzen und mit dem Weißwein ablöschen. Einkochen lassen, bis der Wein verdunstet ist. Heißen Geflügelfond dazugießen. Köcheln lassen, ab und zu umrühren. Sobald der Reis den ganzen Fond aufgesogen hat, die Kokosmilch zugeben, bis der Reis nach knapp 20 Minuten gar ist, aber noch Biss hat. Den Risotto mit Parmesan und 40 g Butter binden. Nach Geschmack mit Fleur de Sel und Pfeffer würzen.*

Purple-Curry-Creme: *50 g Butter erwärmen, den Sellerie hinzufügen und unter Rühren andünsten. Milch und 100 ml Sahne dazugießen. Alles weichkochen und im Mixer pürieren. Durch ein Sieb streichen. Restliche Butter und das Curry-Gewürz unterrühren. Mit Salz, Pfeffer und geriebener Muskatnuss verfeinern, die geschlagene Sahne vor dem Servieren unterheben.*

Surf & Turf: *Eine große breite Pfanne nicht zu heiß erhitzen. 100 g Butter darin schmelzen lassen, Thymian, Rosmarin und Knoblauch zugeben und einmal aufschäumen lassen. Rinderfilet, Hummerschwanz und -scheren beigeben und so lange mit der geschmolzenen Butter übergießen, bis die gewünschte Garstufe erreicht ist.*

KABELJAU
MIT INGWER-ERDNUSSKRUSTE

Zutaten

800 g Kabeljaufilet (je 200 g), enthäutet, grätenfrei
1 Zitrone
100 g Butter

Fisch-Weißweinsoße:

¼ l Fischfond
100 ml trockener Weißwein
100 ml Sahne
1 EL Crème fraîche
etwas Speisestärke, in Wasser angerührt
1 Zitrone

Ingwer-Nusskruste:

50 g Ingwer, gerieben
60 g Erdnüsse, fein gehackt
2 EL trockenes Weißbrot, fein gerieben
10 ml Erdnussöl
35 ml mildes Olivenöl
1 Zitronengrasstange
Abrieb von 1 Limette

Gemüse:

12 kl. Karotten
12 Stangen grüner Spargel
12 Kirschtomaten
1 Zucchini
12 Mini-Maiskolben
2 rote Paprika, entkernt
2 gr. Kartoffeln, in Ecken geschnitten
4 Stangen Frühlingslauch
100 g Blumenkohl, kleine Röschen
1 Msp. Safran
150 g Butter

Arbeitszeit: ca. 2 Stunden · Schwierigkeitsgrad: mittel

Zubereitung

Fisch-Weißweinsoße: Fischfond mit Wein zum Kochen bringen, auf die Hälfte reduzieren. Sahne und Crème fraîche hinzufügen. Wieder auf die Hälfte reduzieren. Evtl. mit Speisestärke binden. Mit etwas Zitronensaft und Salz abschmecken.

Ingwer-Nusskruste: Erdnüsse im vorgeheizten Ofen bei 180 Grad 8 Minuten rösten. Abkühlen lassen, dann mit dem Ingwer fein pürieren. Erdnussöl, Olivenöl und geriebenes Weißbrot hinzugeben. Zitronengras fein reiben, die Schale der Limette dazu raspeln und nach Geschmack würzen.

Sommergemüse-Beet: Das Gemüse bis auf den Blumenkohl und die Paprika in kochendem Salzwasser blanchieren, dann in Eiswasser geben und danach abtropfen lassen. Die so entstandene Gemüsebrühe (ca. 150 ml) mit 150 g Butter aufkochen, Blumenkohl darin blanchieren und mit Safran würzen. Paprika schälen, in Ecken schneiden und zum blanchierten, abgetropften Gemüse geben. Gemüse bei 65 Grad im Ofen warm halten. Gemüse-Butterfond auf 50 ml einkochen lassen und das Gemüse vor dem Servieren darin schwenken.

Fisch: Das Kabeljaufilet von beiden Seiten würzen und mit dem Zitronensaft beträufeln. Nach dem Würzen vorsichtig in einer vorgeheizten Pfanne von beiden Seiten in Butter anbraten. Anschließend die Nusskruste auf dem Fisch verteilen und im Ofengrill gratinieren.

Das bunte Gemüse anrichten. Den gratinierten Fisch auflegen und die aufgeschäumte Weißweinsoße zugeben.

VI

NA, DENN MAL PROST!

Zum Fisch trinkt man im Norden gerne mal einen Aquavit

Das alte Sprichwort »Fisch muss schwimmen« hat sich Jürgen Gosch schon immer zu Herzen genommen. Und wer noch einen kleinen »Verteiler« nach dem Essen braucht, kommt bei ihm um einen eiskalten Aquavit einfach nicht herum.

Nord-Import

Aquavit kommt ursprünglich aus Skandinavien (insbesondere Dänemark) und hat auch im Norden der Republik neben Korn und anderen Spirituosen sein Plätzchen gefunden. Das »*aqua vitae*« (lat.) – zu Deutsch »*Wasser des Lebens*« – wird aus reinem Alkohol (96 Prozent Vol.), Getreide oder Kartoffeln sowie frischen Kräutern und Gewürzen hergestellt. Anschließend wird das würzige Destillat mit frischem Wasser auf »*Trinkstärke*« – irgendwo zwischen 37,5 und 42 Prozent – gebracht. Dann kehrt Ruhe ein. Damit die Inhaltsstoffe Bindungen eingehen können und auf diese Weise den Geschmack abrunden, darf der

fast fertige Aquavit noch einige Zeit im Reifelager verbringen. Manche Exemplare reifen sogar in alten Sherry- oder Portweinfässern heran.

Apropos Reifung: Zu fast schon legendärer Bedeutung hat es der sogenannte »*Linie Aquavit*« gebracht. Als Anfang des 19. Jahrhunderts einige Fässer aus Norwegen – eher unfreiwillig – per Schiff auf große Reise gingen und erst nach Jahren zurückkehrten, stellte man fest, dass die Spirituose nun besser schmeckte als zuvor. Ohne eine schlüssige Erklärung für den »*Geschmackswandel*« zu finden, führten die Hersteller ihn schließlich auf die schaukelnden Bewegungen im Schiffsrumpf zurück, die auf den langen Passagen über den Äquator (»*Linie*«) hinaus natürlich nicht ausblieben.

Für Leib und Magen

Kümmel ist der Hauptgeschmacksgeber eines jeden Aquavits, aber auch Dill, Koriander, Fenchel, Zimt und Nelken sind gern gesehene Geschmacksgäste und prägen je nach Zusammensetzung das individuelle Aroma jeder Marke. Im Gegensatz zu den meisten anderen Schnäpsen taugt Aquavit wegen seines hohen Kümmelanteils tatsächlich als sogenannter »*Verteiler*« nach einer schweren Mahlzeit: Die ätherischen Öle regen die Verdauung an und werden sogar bei Magenbeschwerden in der Medizin eingesetzt.

Kennen Sie den?

Bei Jürgen Gosch kommt natürlich am liebsten der selbst entwickelte Sylter Aquavit auf den Tisch. Für eine hohe Qualität sorgt mit dem traditionsreichen Spirituosenspezialisten BEHN aus Eckernförde ein ganz großer Name aus der Branche. Aus diesem Hause kommen schon seit 1892 viele erfolgreiche Getränke (wie etwa der »*Kleine Feigling*«), die auf der ganzen Welt beliebt sind.

Gerade auch in der Herstellung von Aquavit hat man sich im Laufe der Jahre einige Erfahrung aneignen können. Der Geschmack des GOSCH-Aquavits war natürlich »*Chefsache*«: Zusammen mit den Destilliermeistern entwickelte Jürgen Gosch die exklusive Note seines Aquavits von Grund auf neu, bis schließlich eine einzigartige Rezeptur entstand. Dass die zahlreichen Abstimmungsrunden eventuell auch dem privaten Vergnügen dienten, weist er schmunzelnd von sich: »*Natürlich nicht! Aber es sollte ja schon ein echter GOSCH werden.*«

Prost: Jünne Gosch und Kutterkapitän Manni Sören

Ergebnis der Bemühungen und der mehrmonatigen Lagerung in Fässern in List ist ein goldgelber, charaktervoller, 38-prozentiger Aquavit mit einer feinen Kümmelnote, die durch ein spezielles Dillsamen-Destillat und hochwertige Kräuterauszüge abgerundet wird. Mit seiner insgesamt milden und ausgewogenen Abstimmung empfiehlt sich der echte Sylter Aquavit nicht nur zu Fisch, sondern auch als Abschluss jedes guten Essens.

VII

JÜNNES AUSFLUGSTIPPS

Die Sylter Leuchttürme

»Die imposanten Seezeichen sind auch auf meiner Insel Markierungspunkte und Küsten-Wahrzeichen in einem. Irgendwie ein besonderes Stück Heimat. Vier aktive Leuchtfeuer auf Sylt weisen heute noch den Seefahrern den Weg um die Insel. Auch Wanderern und Radfahrern dienen sie als weithin sichtbare Orientierungspunkte und sind einen Ausflug wert.«

Nord-Lichter

Die beiden Leuchttürme auf der Halbinsel am Sylter Nordende, dem sogenannten Ellenbogen, stehen nicht einmal drei Kilometer voneinander entfernt und werden als »*List-West*« und »*List-Ost*« bezeichnet. Bei ihnen handelt es sich um die zwei ältesten noch in Betrieb befindlichen eisernen Leuchttürme Deutschlands. Sie wurden beide in den 1850er-Jahren erbaut und haben trotz der salzigen Luft bis heute überlebt. Lediglich durch Turmhöhe und Anstrich unterscheiden sich die beiden Feuerträger voneinander, ihr Konstruktionsprinzip ist aber gleich.

Das Leuchtfeuer *»Rotes Kliff«* in Kampen wurde 1856 erbaut. Dieser Leuchtturm ist nicht nur der älteste und mit 40 Metern auch mit Abstand der höchste, sondern zugleich auch der wohl schönste auf Sylt. Er steht seit 1974 unter Denkmalschutz.

Der jüngste aktive Leuchtturm Sylts ist der zweithöchste der Insel und befindet sich ganz im Süden, in Hörnum. Er wurde 1907 in Betrieb genommen und kann auf eine sehr ungewöhnliche Episode zurückblicken: Denn von 1914 bis Anfang der dreißiger Jahre befand sich in einem Zimmer des Turms Deutschlands kleinste Schule, in der phasenweise nur zwei bis fünf Kinder unterrichtet wurden. Die Schule ist längst geschlossen, aber der Turm kann immer noch besichtigt werden. Und sogar Trauungen sind hier in luftiger Höhe möglich. Das Ja-Wort mit Meeresblick – charmant …

Die letzte Wanderdüne Deutschlands

»Unsere Wanderdüne im Listland ist zwar nicht so riesig wie ihre bis zu 200 Meter hohen afrikanischen Kollegen. Aber immerhin: Mit etwa einem Kilometer Länge und bis zu 30 Metern Höhe beeindruckt sie mich doch immer wieder.«

Die Dünen, die Menschen und der Strandhafer

Die Wanderdüne prägt die Landschaft so einmalig, dass man die Ellenbogenregion auch die »*Sylter Sahara*« nennt. Vorwiegend von Westwinden getrieben, bewegt sie sich durch bloßen Sandflug bis zu sieben Meter im Jahr. Bewundern darf man sie allerdings nur von einigen wenigen markierten Wegen aus, denn das gesamte Gebiet steht unter Naturschutz. Von der Terrasse der Lister Weststrandhalle aus hat man einen wunderschönen Ausblick über Dünen und Meer.

In früheren Zeiten waren ursprünglich große Teile Sylts mit Dünen bedeckt. Doch Mensch und Wanderdüne, das verträgt sich nicht so recht. Denn wo wir bauen und den Boden kultivieren wollen, da will die Düne wandern und versanden.

In List und Rantum wurden die Häuser, Weiden und Äcker jahrhundertelang immer wieder vom Sand begraben. Um dem Einhalt zu gebieten, haben sich die Menschen mit den Pflanzen verbündet. Strandhafer hilft bestens dabei, aus unberechenbaren freien Dünen brave gebundene zu machen, die da stehen bleiben, wo sie stehen sollen.

Im 19. Jahrhundert wurde mit einer systematischen Bepflanzung begonnen. Ende der 1930er-Jahre waren alle

Sylter Wanderdünen durch Hafergras stabilisiert. Nur den Wanderern hoch im Norden ließ man ihre Freiheit, um ein anschauliches Bild von der ursprünglichen Insellandschaft zu bewahren. Doch der Strandhafer ist eifrig und wächst auch hier munter weiter. In einigen Jahrzehnten wird wahrscheinlich auch die *»Sylter Sahara«* vollständig bewachsen sein. Schauen Sie rechtzeitig noch einmal vorbei!

Das Heimatmuseum in Keitum

»Neben Sturm und Flut haben immer wieder auch die Menschen die Insel Sylt stark geprägt und mitgestaltet. Im Sylter Heimatmuseum wird diese Vergangenheit für die Zukunft bewahrt. Ich selbst stöbere immer gerne in der Ausstellung.«

Fleißige Friesen

Der Ort, an dem sich das 1908 gegründete Museum befindet, könnte passender kaum sein: In einem rund 250 Jahre alten Kapitänshaus direkt am Keitumer Kliff erwartet den Besucher ein tiefer Blick in die Geschichte Sylts. Basis der Ausstellung ist die Sammlung des Chronisten C. P. Hansen (1803–1879), der lange Jahre ausführlich über die Insel geforscht hatte.

Schon der Torbogen aus Walbarten am Eingang zum Gelände des Museums lässt erahnen, welch große Rolle das Meer dabei immer wieder gespielt haben muss. Das Herzstück des Museums bilden dann auch gleich zwei Räume, die sich mit der Sylter Seefahrtsgeschichte beschäftigen: Im »*Goldenen Zeitalter*« von 1650 bis ca. 1810 war das Schicksal der Insel nämlich untrennbar mit der Seefahrt und vor allen Dingen dem Walfang verbunden. Viele exotische Andenken wie Orcazahnschnitzereien oder Sicheln sowie Schiffsmodelle, Walfanggeräte und Gemälde sind eindrucksvolle Zeugnisse dieser Epoche.

Aber auch das ganz alltägliche Leben auf einer mehr oder weniger kargen Insel und die friesische Kultur werden mit vielen authentischen Gegenständen (wie Schmuck oder Trachten) aus den verschiedenen Epochen dokumentiert. Die Vor- und Frühgeschichte der Insel findet sich in einer kleinen archäologischen Abteilung wieder, in der Exponate aus den ersten Besiedlungstagen gezeigt werden. In den Galerieräumen des Heimatmuseums sind in wechselnden Ausstellungen bedeutende Künstler der Insel mit ihren Werken vertreten. In der Abteilung *»Sylter Persönlichkeiten«* kann man sich unter anderem über den schleswig-holsteinischen Freiheitskämpfer Uwe Jens Lornsen informieren.

Eine Radtour über Sylt

»Ich finde, wer Deutschlands größte und schönste Nordseeinsel genauer kennenlernen möchte, sollte alle motorisierten Fortbewegungsmittel stehen lassen. Denn nur so gelangt man in abgelegene Ecken, in denen man im Trubel hier noch echte Idylle und Ruhe findet. Als passionierter Radfahrer macht mir die Erkundung ›meiner‹ Insel so besonders viel Spaß.«

Natur pur

Rund 200 Kilometer lang ist das Wegenetz, das zum Entdecken der Insel zu Fuß oder mit dem Rad einlädt. Eine der schönsten Sylter Radtouren führt von Wenningstedt rund um Kampen. Die rund 15 Kilometer lenken den Radreisenden durch gleich sechs Naturschutzgebiete mit ganz unterschiedlichen Ausprägungen.

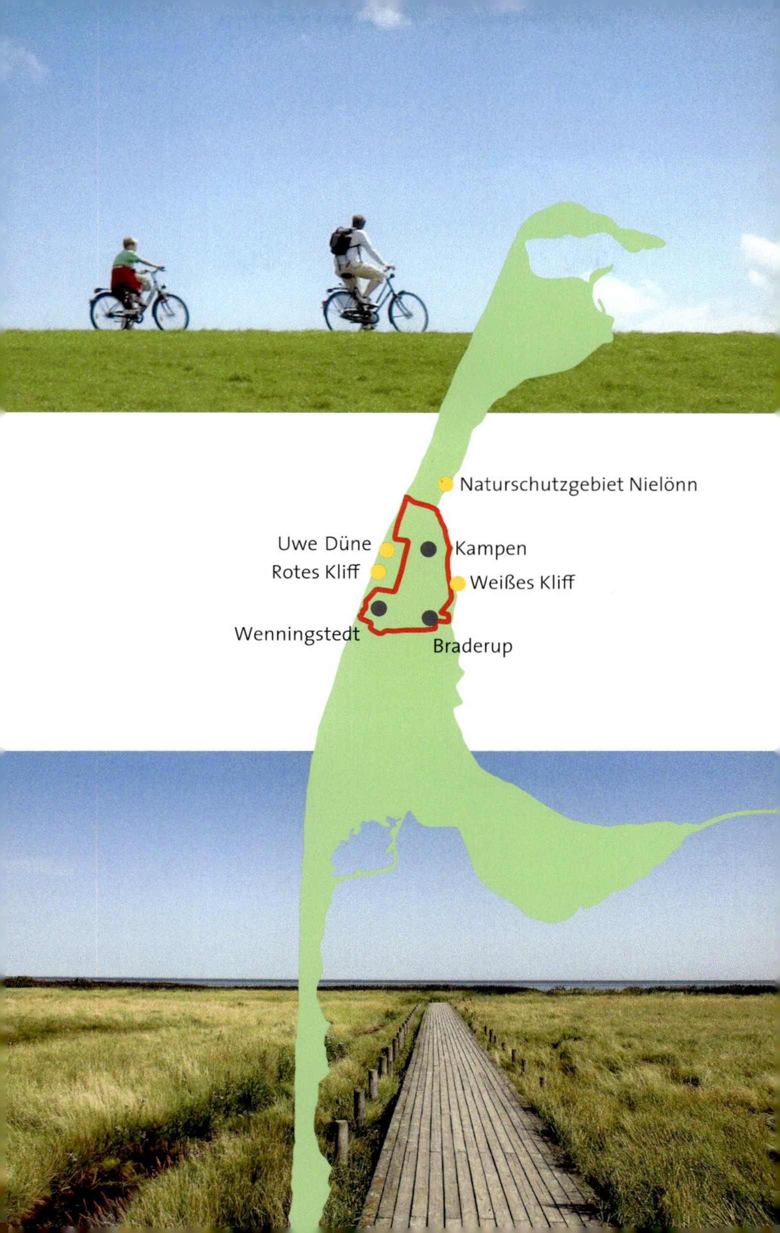
Naturschutzgebiet Nielönn
Uwe Düne
Kampen
Rotes Kliff
Weißes Kliff
Wenningstedt
Braderup

Zunächst geht es von Wenningstedt aus auf dem Radweg Richtung Osten, mit Blick auf Heide und die Kirche St. Severin in Keitum. Im Norden erstrecken sich weite Wiesen und der Leuchtturm »*Rotes Kliff*«. Kurz vor dem Naturzentrum Braderup (das natürlich auch einen Besuch wert ist) führt der Weg bis an die Küste zum Naturschutzgebiet Weißes Kliff. An großen Villen vorbei geht es nun ein Stück Richtung Norden, direkt in die Braderuper Heide, auf die der teilweise höher gelegene Weg besonders in der Blütezeit einen tollen Ausblick bis raus aufs Wattenmeer bietet. Durch einsame Salzwiesen schlängelt sich die Tour weiter ins Landschaftsschutzgebiet Süd-Ost-Heide Kampen und das Naturschutzgebiet Nielönn.

Nach einer kurzen Rast im Café »*Kupferkanne*«, das bildhübsch in den Dünen gelegen ist, geht die Route durch das Naturschutzgebiet Nord-Sylt und die Dünenlandschaft wieder zurück an die Westküste, wo man den Leuchtturm »*Rotes Kliff*« aus der Nähe betrachten kann. Danach geht es weiter zur Uwe Düne, mit etwa 52 Metern die größte Erhebung der Insel, die bei gutem Wetter einen Ausblick bis nach Amrum, Föhr und Rømø ermöglicht. Von hier aus läuft man bequem zu Fuß zum Roten Kliff. Nach Süden der Küste entlang gelangt der Radwanderer schließlich wieder ganz bequem nach Wenningstedt, wo man die Tour am besten mit einem Stopp im »*GOSCH am Kliff*« beschließt.

P20

NORDSEESCHOLLE
FINKENWERDER ART

Zutaten

4 ganze Schollen, küchenfertig (je 350–400 g)	150 g Zwiebeln, gewürfelt
100 g Mehl	1 EL Sonnenblumenöl
300 g Speck, gewürfelt	

Arbeitszeit: ca. 25 Minuten · Schwierigkeitsgrad: mittel

Zubereitung

Das Öl in der Pfanne erhitzen und die in Mehl gewendeten Schollen von beiden Seiten bei mittlerer Hitze ca. 6 Minuten braten. Beachten Sie, dass die Schollen zuerst auf der dunkleren Seite angebraten werden. Anschließend wenden und die helle Seite anbraten.

In einer zweiten, bereits erhitzten Pfanne die Speckwürfel knusprig anbraten und die Zwiebelwürfel dazugeben, bis sie glasig sind. Die Schollen mit der hellen Seite nach oben auf einen Teller legen, Speck- und Zwiebelwürfel über die Schollen geben.

Als Beilage empfehlen wir Petersilienkartoffeln, Kartoffelsalat, Bratkartoffeln, Kartoffelpüree oder Gurkensalat mit Dill.

MATJES NACH HAUSFRAUENART

Zutaten

12 Matjesfilets	80 g Mayonnaise
1 Apfel	150 ml Sahne
100 g Gewürzgurken	100 g Naturjoghurt
100 g Zwiebeln	1 gr. Gemüsezwiebel

Arbeitszeit: ca. 25 Minuten · Schwierigkeitsgrad: einfach

Zubereitung

Den Matjes gut abtropfen lassen. Den Apfel entkernen und vierteln. Die Zwiebeln schälen und vierteln, Gewürzgurken in gleichmäßig kleine Stücke schneiden. Mayonnaise, Sahne und Joghurt miteinander verrühren, mit Salz und Pfeffer abschmecken. Apfel, Gurken und Zwiebeln unterheben. Die Gemüsezwiebel in Ringe schneiden. Je 3 Matjesfilets schlaufenförmig auf einen Teller legen, die Zwiebelringe und die Soße darüber verteilen oder in einer Schale dazustellen.

Tipp: Servieren Sie eine Variation verschiedener Matjesfilets. Zum Beispiel einen Matjes nordischer Art, einen Aalrauch-Matjes und ein Schwedenfilet.

Als Beilage empfehlen wir Bratkartoffeln, Salzkartoffeln oder gebuttertes Schwarzbrot.

BRATKARTOFFELN

Zutaten

ca. 750 g Kartoffeln, festkochend
200 g Speckwürfel
½ TL Kümmel
½ TL Majoran
1 Bd. Lauchzwiebeln, gehackt
1 EL Butterschmalz

Arbeitszeit: ca. 60 Minuten · Schwierigkeitsgrad: einfach

Zubereitung

Die Kartoffeln waschen, mit Schale und etwa ½ EL Salz bissfest kochen, pellen und auskühlen lassen (am besten über Nacht im Kühlschrank).

Danach die Kartoffeln in ca. 5 mm dicke Scheiben schneiden und in einer Pfanne mit dem Butterschmalz goldgelb anbraten. Dann Speck und Majoran dazugeben und alles zusammen anbraten, bis der Speck schön kross ist. Die Lauchzwiebeln kurz vor dem Servieren hinzufügen, einmal durchschwenken, fertig!

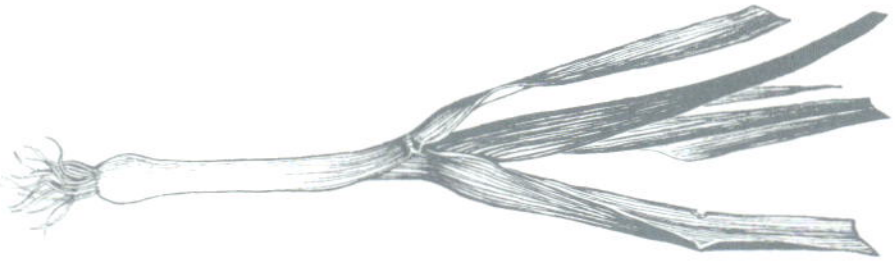

DER
ECHTE
KLASSIKER

ROTE GRÜTZE

Zutaten

250 g Himbeeren	350 ml Kirschnektar
250 g Johannisbeeren	5 EL Zucker
250 g Sauerkirschen	1 Päckchen Vanillezucker
250 g Erdbeeren	30 g Speisestärke

Arbeitszeit: ca. 40 Minuten · Schwierigkeitsgrad: mittel

Zubereitung

Die Beerenfrüchte waschen, entstielen und die Sauerkirschen entsteinen. Die Johannisbeeren vorsichtig mit einer Gabel von den Rispen streifen.

In einer kleinen Schüssel 5 EL Kirschnektar, den Zucker, den Vanillezucker und die Speisestärke klümpchenfrei zusammenrühren. Den Rest Kirschnektar in einem Topf aufkochen, dann vom Herd nehmen. Die Nektar-Zucker-Speisestärke-Mischung in den Kirschnektar einrühren, noch einmal zusammen aufkochen und ca. 1 Minute köcheln lassen.

Zunächst die Kirschen und Johannisbeeren zum Kirschnektar zugeben, zusammen aufkochen und 1–2 Minuten köcheln. Dabei mehrmals umrühren. Den Topf vom Herd nehmen und die Himbeeren und Erdbeeren unterrühren. Die Rote Grütze abkühlen lassen und in tiefen Tellern oder Schälchen servieren. Dazu passen Vanillesoße, Milch oder Sahne.

FRIESENTIRAMISU
MIT PFLAUMENMUS

Zutaten

250 g Mascarpone
200 g Schmand
100 g Konditorschlagsahne
40 g Bourbon-Vanillezucker
40 g Zucker
1 cl Licor 43
8 Butterkekse
160 g Pflaumenmus
4 Minzblätter

Arbeitszeit: ca. 30 Minuten · Schwierigkeitsgrad: leicht*

Zubereitung

Mascarpone, Schmand, Vanillezucker, Zucker und Licor 43 verrühren. Die Konditorschlagsahne steif schlagen und unter die Mascarponemasse ziehen. 4 Weck- oder Weingläser mit jeweils zwei Schichten von unten nach oben wie folgt füllen:

65 g Mascarpone-Creme
20 g Pflaumenmus
1 gebrochener Keks

Danach die Schichtung wiederholen. Mit einem kleinen Tupfer Creme und einem Minzblatt dekorieren. Abgedeckt 3 Stunden kühl stellen.

* ohne Kühlzeit

ERDBEERBOWLE

Zutaten (für ca. 2 Liter)

1 kg frische Erdbeeren

0,1–0,2 l Erdbeersirup

1 Schuss Kirschlikör

2 Schuss Maraschino (Kirschlikör aus der Maraska-Kirsche)

0,3 l Rosé-Wein (z. B. Bimmerle Rosé No.1)

2 Flaschen à 0,75 l Secco Rosé

Arbeitszeit: ca. 30 Minuten · Schwierigkeitsgrad: einfach

Zubereitung

Erdbeeren waschen, halbieren oder vierteln und beiseite stellen. In eine Bowleschale Wein, Likör und Sirup geben und gut verrühren. Die Erdbeeren und den Secco hinzugeben und gekühlt servieren.

Tipp: Die Bowleschüssel in einer größeren Schüssel mit Eis kaltstellen oder nicht wässernde Eiswürfel (mit Kunststoffummantelung oder aus Stein) hineingeben.

VIII

STÜRMISCHE LEIDENSCHAFTEN

»Wenn man so sehr mit seiner Heimat verwachsen ist wie ich mit der Insel Sylt, dann möchte man auch, dass sie so erhalten bleibt, wie man sie kennt und liebt. Mit dem ewig tosenden Meer vor der Haustür ist das aber gar nicht so einfach. Das holt sich immer wieder mal ein Stück von der Küste, und dann muss man aufwendig frischen Sand herbeiholen, um die Lücken zu füllen. Und das kostet natürlich auch was. Darum engagiere ich mich so stark im Küstenschutz, auch finanziell.«

Jünne Gosch und der Küstenschutz

Die Silhouette von Sylt erinnert mit etwas Fantasie an ein Seepferdchen, allerdings an eines mit sehr schmaler Taille. Das war vor einigen tausend Jahren noch anders, doch der Appetit des Meeres nach Strand und Grün ist ähnlich ausgeprägt wie der von uns Fischliebhabern nach einem GOSCH-Brötchen: Er lässt nicht nach. Das haben bereits die Händler im Mittelalter zu spüren bekommen, wenn gewaltige Sturmfluten ihre hungrigen Mäuler aufgerissen haben. Doch spätestens seit den sechziger Jahren meldet auch die Tourismusbranche dringenden Bedarf an, wenn es um den Erhalt der Küstenregionen geht.

Regelmäßige Sandaufschüttungen sind nach wie vor die geeignetste Maßnahme, um die weiten Strandabschnitte gegen das nagende Meer zu schützen. Doch woher nehmen? Die sprichwörtlich naheliegende Quelle ist der Meeresgrund selbst, denn dorthin verschwindet schließlich das, was eben noch zu Sylt gehörte. Über Rohrleitungen wird das kostbare Gut zurück an die Küste befördert. Ein nicht nur technischer Kraftakt, der viel Geld verschlingt.

Jürgen Gosch weiß das und unterstützt den Küstenschutz, wo er nur kann. Als er 2012 das neue »*GOSCH am Kliff*« bauen ließ, war es ihm wichtig, dass die Optik des Gebäudes sich passend in die Naturlandschaft einfügt. Mit dem geschwungenen, an eine Düne erinnernden Komplex ist ihm das wunderbar gelungen. Und zur feierlichen Einweihung verbat er sich Gastgeschenke, sondern forderte seine Besucher auf, stattdessen den Küstenschutz zu unterstützen – so wie er es schon seit vielen Jahren tut.

Wie wird das Wetter?

»Ich habe es immer als großes Geschenk empfunden, dass ich meine Leidenschaft zum Beruf machen konnte: GOSCH ist mein Leben, meine Liebe. Aber natürlich auch jede Menge Stress! Die Arbeitstage sind lang, selbst heute noch – da bleibt kaum Zeit für was anderes. Ein paar Stunden zwacke ich aber immer noch ab, und zwar für die Familie, ein gutes Fußballspiel und selbstverständlich auch fürs Wetter, das mich seit meiner Kindheit fasziniert.«

Wer den lieben langen Tag im Büro sitzt, muss nicht unbedingt über das Wetter Bescheid wissen – wer unter freiem Himmel frische Fische verkauft, allerdings schon. Als Jünne Gosch Mitte der sechziger Jahre seine Laufbahn auf Sylt als mobiler Aalverkäufer begann, gehörte das Wissen um die Wetterkapriolen zu seinem wichtigsten Handwerkszeug. Immerhin war es entscheidend, täglich den richtigen Standort zu finden, um möglichst viel Ware an Mann und Frau zu bringen. Und selber klatschnass werden wollte er natürlich auch nicht.

Auch heute noch beschäftigt er sich in seiner wenigen freien Zeit mit den Wettervorhersagen. Und nach wie vor verlässt er sich hierbei gern auf den dänischen Funk. »*Der deutsche Wetterdienst hat meiner Erfahrung nach die Insel Sylt nicht so richtig auf dem Schirm – die liegt vermutlich schon zu weit im Norden.*«

Aber auch richtig schlechtes Wetter schreckt den »*Fischkönig von Sylt*« nicht. Klar, gern nimmt er auch mal eine Auszeit im warmen Süden, bevorzugt in den Wintermonaten, wenn das Geschäft eine kleine Ruhepause einlegt. Doch ein tägliches Telefonat mit den Mitarbeitern vor Ort gehört selbst in der Fremde zum Ritual. »*Wenn alles läuft, dann entspanne ich auch!*« ⚓

IX

»FISCH« MIT SCHUSS

Die »wahre Fischsuppe« – ein Klassiker seit 1971

»Fisch muss schwimmen« – mit dieser Weisheit ist auch Jürgen Gosch groß geworden. Aber eigentlich nicht unbedingt nur in Bier. Genau darauf war aber von Rechts wegen sein Angebot an alkoholischen Getränken beschränkt, als er Anfang der siebziger Jahre am Lister Hafen seine »Nördlichste Fischbude« aufmachte.

Garantiert grätenfrei

Ein »*Selfmademan*« wie er musste jedoch weiterdenken – und zuweilen auch um die Ecke, eine kleine Spur an Recht und Gesetz vorbei. Wie also konnte er Härteres verkaufen und zugleich den braven Fischverkäufer mimen? Die »*echte Fischsuppe*« führte er ja bereits im Sortiment, und die konnte man schließlich auch ein wenig abwandeln: Kleine Schalen, aus denen man gut etwas schlürfen konnte, hatte er schon, nun füllte er sie mit einem guten Schuss Korn und verdünnte den mit etwas Zitronenbrause. Geboren war die »*wahre Fischsuppe*«.

»Wollen Sie mal etwas ganz Besonderes probieren?«, lockte er seine Gäste. *»Garantiert grätenfrei?«* Die Bestellungen gingen sogleich bestens los, wobei nicht jeder das *»Süppchen«* gleichermaßen gut vertrug. So mancher schätzte die Wirkung falsch ein – so falsch sogar, dass ein Herr nach dem mehrfachen Genuss sein Auto direkt in die Fischbude fuhr. Blechschaden, Budenschaden – aber zum Glück nichts Schlimmeres. Und die Herren vom Amt bekundeten nach einem Probierschlückchen schließlich auch: Kann man verkaufen!

»Na, denn mal Prost!« ⚓

GUT ZU WISSEN!

Hier finden Sie allgemeine Hinweise zu allen GOSCH-Rezepten

Alle in diesem Buch vorgestellten Rezepte sind exklusiv von GOSCH. Die Mengenangaben in allen Rezepten gelten jeweils für 4 Personen. Haushaltsübliche Zutaten wie Salz, Pfeffer und Wasser sind, sofern sie nicht eine spezielle Sorte meinen, nicht in der Zutatenliste aufgeführt. Den Großteil aller in den Rezepten genannten Speisefische und Schalentiere können Sie unter **www.gosch.de/shop** bestellen.

Grundlegende Zubereitungstipps

- Spülen Sie den Frischfisch vor der Zubereitung unter kaltem, fließendem Wasser sorgfältig ab und tupfen Sie ihn anschließend mit Küchenkrepp trocken.
- Das Öl in der Pfanne muss heiß sein, ehe Sie den Fisch anbraten.
- Braten oder grillen Sie den Fisch immer zuerst auf der Hautseite. Wenn sie knusprig ist, den Fisch/das Filet wenden und etwas kürzer nachgaren. So bleibt das Fleisch saftig.
- Salzen und pfeffern Sie den Fisch direkt in der Pfanne bzw. auf dem Grill – dank der kurzen Garzeit bleibt das Fleisch saftig und wird noch aromatischer.
- Servieren Sie den Fisch stets mit der Hautseite nach oben, sonst wird sie weich.

Alle Rezeptbilder sind Serviervorschläge.

GOSCH
SYLT
DIE PASSENDEN
ZUTATEN...
... zu vielen GOSCH-Rezepten in diesem
Buch finden Sie auf gosch.de/shop.

Lesen Sie aus der Wachholtz-Reihe
»*Jürgen Gosch präsentiert*« auch die Bücher:

FISCH GEFANGEN!

Feiner Fisch von Aal bis Zander

SCHICK IN SCHALE

Meeresfrüchte neu entdecken

HAND-ARBEITEN

Fingerfood zum Selbermachen